# POMPE FUNÈBRE,

### CÉLÉBRÉE PAR

## LE G∴ O∴ DE FRANCE,

Le 25e jour du 9e mois 5824 ( 25 novembre 1824, E∴ V∴ ),

### A LA MÉMOIRE

## DE LOUIS XVIII, ROI DE FRANCE,

### PROTECTEUR DE LA MAÇONNERIE.



Le vingt-cinquième jour du neuvième mois cinq mil huit cent vingt-quatre, le G∴ O∴ de France, régulièrement convoqué et fraternellement réuni sous le Point Géom∴ connu des seuls Vr∴ FF∴, dans un lieu très-éclairé, très-Rég∴ et très-fort, où règnent le silence, la paix et l'équité, midi plein.

Les Trav∴ sont ouverts à l'O∴ par le T∴ Ill∴ F∴ Roettiers de Montaleau, représentant Partic∴ du S∴ et T∴ Ill∴ G∴ Maître, aidé à l'Occ∴ par les VV∴ FF∴

I

( 2 )

Raveau, premier G∴ Surv∴ du Sup∴ Cons∴ des Rites, tenant le deuxième Maillet et dirigeant la Col∴ du Midi, et
Leclerc-Miley, 2ᵉ∴ G∴ Surv∴ de la G∴ ⊡ Symb∴,
tenant le 3ᵉ∴ Maill∴, dirigeant la Col∴ du Nord.

Tous les FF∴, en noir, dans un religieux silence, ayant
pris place, les Députés des At∴ de la correspondance, les
Présidens des ⌗, chap∴, colléges, Cons∴ et Consist∴, sont
introduits et placés au Midi et au Nord.

L'Ill∴ F∴ Roettiers de Montaleau, G∴ représentant
particul∴ du S∴ G∴ M∴, et les trois RR∴ Présid∴ des
chambres du G∴ O∴, précédés des Offi∴ d'honneur et
honor∴, sont introduits dans le T∴ sans bruit de Maill∴
et conduits à l'O∴.

Tous les FF∴ sont debout et à l'ordre.

L'Ill∴ F∴ G∴ représentant, présidant les travaux,
dit :

Le but de notre réunion étant l'exécution du rituel funèbre,
nous allons nous rendre auprès d'un lugubre cénotaphe entouré
de tous les emblêmes de la mort, puisqu'il a plu au G∴ A∴ de
l'Un∴ de faire participer à la L∴ céleste notre bien-aimé monarque, Louis XVIII, roi de France et de Navarre.

Transportons-nous dans le temple de la mort, pour rendre à
son auguste mémoire les derniers honneurs que tous ses fidèles
sujets s'empressent de lui offrir, et jeter quelques fleurs sur ses
cendres vénérées.

L'Assemblée se met en marche dans l'ordre suivant : 
deux commissaires et deux Mᵉˢ∴ de Cⁱᵉˢ∴ précèdent les Ill∴

( 3 )

FF.˙. G.˙. Représentant et Présidens des trois chambres, qui
sont suivis de tous les Offi.˙. d'honn.˙. et honor.˙.; ils se rendent à l'O.˙. de la chambre du Milieu; les GG.˙. Surv.˙.
précèdent les Col.˙. et se rendent au T.˙. funéraire.

Pendant que le cortége défile, on exécute une marche funèbre; lorsque tous les FF.˙. sont arrivés et placés, ainsi que
les VV.˙. FF.˙. Dubin, Houssement, Gastebois et Benou,
Doyens des Offi.˙. dignit.˙. du G.˙. O.˙., également placés
aux quatre coins du cénotaphe ,

L'Ill.˙. et R.˙. F.˙. Roettiers de Montaleau s'exprime
ainsi :

Dans tous les événemens mémorables, les hommes éprouvent le
besoin de se réunir, de se communiquer leurs pensées, et de
s'épancher mutuellement. C'est surtout dans cette grande circons-
tance, où il a plu au G.˙. Arch.˙. de l'Un.˙. d'appeler à lui notre
monarque révéré, que nous allons nous dire , FF.˙., que des liens
encore plus indissolubles nous réunissent. Alors, sans affaiblir nos
regrets, nous conserverons cette noble résignation pour les décrets
de la Providence, et, usant du seul droit des faibles mortels, nous
adresserons les vœux les plus ardens au G.˙. Maître des maîtres, en
faveur de ce grand Roi qui, dans des temps difficiles, sut, par sa
haute sagesse et ses grandes vertus, réunir tous ses sujets et se
concilier leur amour.

Morceau de musique religieuse.

Dès qu'il est exécuté, le T.˙. Ill.˙. et R.˙. Représentant
du S.˙. G.˙. M.˙. dit :

FF.˙. Commissaires, approchez-vous de l'O.˙.; venez recevoir
les insignes de S. M. Louis XVIII, roi de France et de Navarre,
auguste protecteur de l'ordre.

Précédez-nous auprès du cénotaphe, où se rendront les FF∴ premier et deuxième Surv∴

Marche funèbre.

Dans ce moment, deux commissaires et quatre M^{es}∴ de C^{ies}∴ se rendent à l'O∴; le R∴ Ill∴ Président leur remet les insignes, et tous, ensemble, se rendent auprès du cénotaphe ; en même temps que deux commissaires se rendent à l'Occ∴ et amènent les Surv∴ au cénotaphe, où ils se réunissent à l'Ill∴ Présid∴, qui, suivi par les Surv∴, fait le tour de la Col∴

Au moment de se mettre en marche, le S∴ G∴ M∴ dit :

Mes FF∴, debout et à l'ordre.

Le trombone annonce le premier voyage, et l'Ill∴ Représentant, accompagné des Prés∴, ainsi que les Surv∴, se rendent au cénotaphe.

L'Ill∴ Prés∴, après avoir fait le tour du cénotaphe, prend, des mains des experts, les insignes de la royauté, et les dépose, les uns après les autres, au pied de la colonne.

Il dit :

Les lugubres emblêmes suspendus aux voûtes de ce T∴, et les insignes royaux que nous déposons sur cette colonne funéraire, rappellent à nos cœurs le douloureux souvenir de la perte du meilleur des rois, dont la haute sagesse protégea l'Ordre Maçonnique en France.

L'Ill∴ Présid∴ est reconduit à l'O∴ et les Surv∴ à l'Occ∴, au son d'une marche funèbre.

Le trombone annonce le retour des Officiers, et chacun reprend sa place.

## CHANT FUNÈBRE

### DU F∴ BOUILLY, OFF∴ DU G∴ O∴,

Musique du F∴ Chénié.

#### RÉCITATIF.

Quel douloureux silence ! et quel deuil environne
L'éclat de l'O∴ ! Quels sinistres apprêts !
L'acacia , mêlé parmi de noirs cyprès ,
Dérobe à nos regards un sceptre, une couronne ;
La voûte du T∴ résonne
De longs gémissemens et d'éternels regrets.

#### CHANT.

Celui qui du peuple est le père ;
Des grands et des petits a droit d'être pleuré :
Pleurons , avec la France entière ,
Le roi qu'elle nomma *Louis-le-Désiré !*

Un monarque ici n'est qu'un F∴ ;
Ici, tout disparaît, grandeurs, noms, qualités ;
Mais tout Maçon pleure et révère
L'homme-roi dont la main traça nos libertés.

« Cessez vos guerres intestines, »
Disait-il en rentrant sur le sol des Français ;
« Secondez-moi : de nos ruines
» S'élevera bientôt le temple de la Paix. »

« Vous , fiers enfans de la Victoire, »
Répétait-il souvent à nos anciens guerriers,
« Suivez Antoine au sentier de la gloire,
» Et vous pourrez encore moissonner des lauriers. »

( 6 )

Qui mieux que lui soutint l'empire
Des lettres et des arts ? A sa brillante cour ,
Le ciseau , les pinceaux , la lyre,
Semblaient, avec son nom , s'embellir chaque jour.


Exilé loin de sa patrie ,
Il rappela souvent Aristide et Nestor ;
Mais s'il fut grand toute sa vie ,
A ses derniers momens il fut plus grand encor.


CHŒUR.


De nos bras enlacés, FF.·. , formons la chaîne ;
*Tenons-nous ferme ensemble* autour de ce tombeau ,
Et que chacun de nous y dépose un rameau ,
Gage de notre amour, signe de notre peine !...
Dieu, reçois le roi des Français
Couvert des pleurs de ses sujets !
Ah ! si du vrai mérite et de la bienfaisance
Le bonheur éternel devient la récompense ,
LOUIS doit reposer en paix.
Juste ciel, au roi des Français ,
Accorde une éternelle paix !


Le trombone annonce le second voyage.

L'Ill.·. Prés.·. et les Surv.·. sont conduits par deux commissaires au cénotaphe ; ils en font le tour.

Le Président allume les cassolettes, en disant :

Ces lampes sépulcrales, ces étoiles obscurcies annoncent la cause de nos regrets douloureux.

G.·. A.·. de l'U.·., ta justice suprême mesure les récompenses sur le degré d'utilité de nos vertus. Que de droits le Monarque législateur, dont nous déplorons la perte, n'a-t-il pas acquis au partage de l'éternelle félicité !

Le Présid⸫. et les Surv⸫. retournent à leur place comme ils en sont sortis, toujours au bruit de la caisse drapée, donnant la même batterie.

Le trombone annonce le retour des Officiers ; tous les FF⸫. reprennent séance.

## STANCES ÉLÉGIAQUES

### SUR LA MORT DE S. M. LOUIS XVIII ;

PAR LE F⸫. LANGLACÉ.

LA France, trop long-tems par le crime opprimée,
Voyait de ses tyrans l'audace désarmée ;
Et respirant enfin sous un roi protecteur,
De gloire couronnée , obtenait le bonheur,
Quand du palais des rois une voix lamentable ,
    Exhalant ses douleurs ,
Par le présage affreux d'une mort déplorable ,
    Vint glacer tous les cœurs.

Oh! combien de soupirs , de craintes et de larmes !!!
Que de cris douloureux suivent ce cri d'alarmes !
Le peuple, au désespoir, inonde ce palais
Que la Mort envahit, qu'assiégent les regrets.
Faut-il d'un roi si cher voir la gloire éclipsée,
    Et nos pleurs superflus ?
Quoi ! les vœux si fervens de la foule empressée ,
    Ne l'attendriront plus !

Non ; la Mort a saisi la royale victime ,
Elle a précipité du trône dans l'abîme
Celui que défendaient ses malheurs, ses bienfaits ,
Et sa haute sagesse et l'amour des Français.
Vaine défense, hélas ! il faut que tout succombe,
    Soumis aux coups du sort ;
La majesté des rois reconnaît dans la tombe
    L'empire de la Mort.

Déjà vers Saint-Denis la pompe sépulcrale
S'avance ; et des tombeaux la barrière fatale
Va s'ouvrir. C'est en vain qu'un temple fastueux
Étonne les regards d'un luxe infructueux :
Tout cet or , ces flambeaux, ce brillant étalage
          Et ces tristes honneurs
Font sentir mieux encore , à la raison du sage ,
          Le néant des grandeurs.


De l'ange du trépas la main rapide et sûre
Écarte de ce deuil la trop riche parure;
D'une pompe plus noble il a fait les apprêts :
Ce sont nos souvenirs , nos larmes , nos regrets.
Des vertus de Louis le cortége sublime ,
          L'élevant jusqu'au ciel ,
Présente, avec respect, son ame magnanime
          Aux pieds de l'Éternel.


A l'aspect de ce front qu'orna le diadême ,
Le ciel s'ouvre ; et de Dieu la majesté suprême
Accueille avec bonté celui que la douleur
Trouva toujours sensible à la voix du malheur.
De ses nobles aïeux l'escorte qui s'avance,
          Vient lui tendre les bras ;
Et tous ils exaltaient le bien que sa prudence
          Avait fait ici-bas.


Saint Louis célébrait sa piété fidèle;
Louis XII vantait sa bonté paternelle;
Henri sa loyauté, digne attribut des rois;
Charlemagne approuvait ses bienfaisantes lois;
François Ier louait de la littérature
          Le savant protecteur;
Charles V estimait cette ame calme et pure
          Dans le sein du malheur.


Ainsi notre bon roi , dans la troupe immortelle,
De toutes ses vertus retrouvait le modèle.

Ah ! cessons de gémir sur son funeste sort ;
Tant de sagesse enfin triomphe de la mort !
Louis, en nous quittant, d'une double espérance
    Console notre cœur :
Il est heureux au ciel ; sous Charles X la France
    Va renaître au bonheur.


Oui, les jours glorieux de la Maçonnerie
Dus au roi vénéré que pleure la patrie ,
Renaîtront sous un prince ami des malheureux ;
Il encouragera nos travaux généreux ;
Au milieu des sanglots que le trépas d'un frère
    Arrache à tous les cœurs,
Les vœux de notre amour pour son règne prospère
    Charmeront ses douleurs.

L'Ill.·. Président dit :

Mes FF.·., que cette cérémonie funèbre nous rappelle à nos devoirs et à l'exercice de toutes les vertus !

Les jours de tous les mortels sout comptés ; puissions-nous, dans nos derniers momens , imiter la noble et touchante résignation do notre courageux monarque, afin d'être jugés dignes de la Lum.·. céleste !

Le trombone annonce ensuite le troisième voyage.

L'Ill.·. Président et les Surv.·. sont conduits de nouveau au cénotaphe ; ils en font le tour.

L'Ill.·. Président dit :

G.·. A.·. de l'Univers, toi , le Maître des maîtres, le régulateur et le point Géom.·. de toutes les perfections, permets qu'après t'avoir rendu nos pieux hommages, nous payions à la glorieuse mémoire de notre auguste monarque le tribut de nos respects et de notre reconnaissance ; que l'encens que nous allons t'offrir pour lui, s'élève jusqu'au pied de ton trône éternel !

L'Ill∴ Prés∴ et les Sur∴ retournent à leur place.

Le trombone annonce leur arrivée.

L'Ill∴ Prés∴, debout et à l'ordre, dit :

Mes FF∴, le très-haut, très-puissant et très-excellent prince Louis XVIII, roi de France et de Navarre, n'est plus !

Gémissons ! ( *Quelques accords lugubres.* )

Lorsque le deuxième Surv∴ a prononcé le mot *gémissons,* un coup de tam-tam se fait entendre.

Quand la vibration cesse, l'Ill∴ Prés∴ dit :

Mes FF∴, le très-haut, très-puissant et très-excellent prince Louis XVIII, roi de France et de Navarre, ne reparaîtra plus au milieu de ses fidèles sujets.

Gémissons ! gémissons ! ( *Quelques accords lugubres.* )

Dès que le deuxième Surv∴ a dit : *gémissons,* deux coups de tam-tam se font entendre.

La vibration cessant, l'Ill∴ Présid∴ dit :

Mes FF∴, le très-haut, très-puissant et très-excellent prince Louis XVIII, roi de France et de Navarre, est retourné vers le Créateur.

Espérons ! espérons ! ( *Nouveaux accords plus prolongés.* )

Le M^e∴ des C^{ies}∴ va chercher le F∴ Orat∴, et le conduit à la tribune.

# DISCOURS DU F∴ BORIE.

Ill∴ G∴ Administrateur,

RR∴ Représentans, Présidens de Chambres, Officiers,

Vén∴, R∴ S∴ Chefs de Députations, Dignitaires,

Et vous tous, mes FF. .,

> Et la garde qui veille aux barrières du Louvre
> N'en défend pas nos rois.
>
> MALHERBE.

Triste à la fois, mais consolante vérité, puisqu'elle tend à rappeler à l'homme son origine et sa fin ; puisqu'au moment où elle fait couler nos larmes, elle fait aussi reposer délicieusement nos souvenirs et nos pensées sur la vie du premier des Français, du plus vertueux des monarques, du plus tendre des pères,

Oui, mes FF∴, c'en est fait : celui qui fut grand dans l'adversité, impassible dans les revers, toujours Français dans l'exil comme sur le trône, dont le sceptre fut paternel, clément et juste, dont la puissance ne sut qu'oublier, et rarement punir ; le restaurateur de nos libertés, l'immortel auteur de la Charte, le monarque enfin qui fut, pendant dix ans, le digne objet de nos hommages et de nos respects, Louis XVIII n'est plus !

La Maçonnerie, cette institution si sage, si bienfaisante, et tant calomniée, pouvait-elle rester muette en présence de la douleur publique ? non, sans doute. Le besoin de tous les cœurs avait tracé la ligne de son devoir ; et quand s'est-elle isolée des sentimens vraiment français ? Est-il quelqu'événement capable d'attrister ou de consoler la patrie, qu'elle n'ait partagé et qu'elle ne se soit empressée de célébrer ? Ne l'a-t-on pas vue spontanément saluer le père des Bourbons, à sa rentrée dans la capitale, et inaugurer dans son temple le buste du monarque chéri ? N'a-t-elle pas, dans une réunion solennelle, fait éclater ses transports, à la restauration de la statue du bon Henri? Ne l'a-t-on pas vue plus tard répandre des larmes amères sur la mort d'un prince vertueux, tombé victime d'un parricide, et se réjouir ensuite sur la naissance du noble enfant de la Providence, sur lequel repose tout notre avenir?... Ah! qu'on cesse de nous calomnier, ou qu'on nous signale des hommes dont l'attachement au prince et à la France soit plus vrai, et les regrets aujourd'hui plus sincères !

Dans l'ordre physique, mes FF.·., la mort, même d'un grand prince, est un événement ordinaire ; elle n'est, aux yeux du philosophe, que l'accomplissement des lois éternelles de la nature, qui toujours nous représente l'image simultanée de l'anéantissement et de la reproduction des êtres. Dans l'ordre moral, c'est un grand exemple, donné par le ciel à la terre, de la variété des grandeurs humaines ; c'est une leçon importante et solennelle, qui semble sans cesse dire aux rois que leur puissance, s'étendrait-elle sur toute la terre, s'arrête au bord d'un cercueil. Elle est pour les méchans un frein salutaire, et pour les bons la source de l'espérauce. Dans les premiers, elle augmente la crainte de l'opinion des hommes ; dans les seconds, elle est un aiguillon qui leur fait contempler sans effroi les regards de la postérité. Elle impose à ceux-ci le fardeau de l'avenir ; elle réserve à ceux-là la gloire de l'apothéose. A son moment suprême, le souverain n'est qu'un homme. Il envisage avec le flambeau de la vérité, pour la première fois peut-être, le miroir fidèle, dans lequel se réfléchissent toutes ses actions. L'heure sonne : il ne lui reste plus d'autre appui dans la tombe que les actions de sa vie !

Nous ne pouvons vous le dissimuler, mes FF.·., notre tâche est à la fois glorieuse, pénible et difficile : glorieuse par la grandeur de son objet ; pénible par sa cause ; difficile enfin par l'impuissance où nous sommes d'être à la hauteur de notre sujet. Toutefois, et sous l'égide de votre indulgence, nous allons parcourir la carrière honorable que vous nous avez tracée ; la Vérité guidera notre plume ; et nous ne marcherons qu'à la lueur de son flambeau.

( 13 )

Le Roi de France dans l'exil ; le Roi de France sur le trône, et jusqu'à son dernier moment : telle est la division de notre sujet.

Louis-Stanislas-Xavier, comte de Provence, naquit à Versailles, le 14 novembre 1755. Un esprit juste, une pénétration rare et précoce furent les qualités qui se manifestèrent d'abord en lui, et qui le distinguèrent toujours. Sa jeunesse se partaga entre l'étude des lettres, qu'il ne cessa de cultiver, et qui plus tard le consolèrent dans ses malheurs, et les soins de la représention qu'exigeaient son rang et sa dignité. Il possédait cette variété de connaissances, cette grâce dans les discours, cette fleur d'urbanité, cet art de placer un mot heureux, qui charment et qui entraînent. Il avait la repartie étincelante et vive, l'abord doux et p révenant, et surtout une prodigieuse mémoire. Idole de la ville, ornement de la cour, il jetait sur le trône un éclat qui se réfléchissait sur toute sa vie privée. Ses premiers momens de bonheur passèrent comme un songe, et quoique l'horizon politique se rembrunît, Louis, fidèle à son devoir, resta le compagnon inséparable de son roi, jusqu'au moment où leur fuite, simultanément concertée, lui permit d'aborder une terre hospitalière, où il prit la qualité de régent dn royaume.

Bientôt la Renommée fit connaître à l'Europe étonnée le sanglant sacrifice du 21 janvier. L'ame de Louis en fut anéantie ; mais il puisa dans l'excès de la douleur même le besoin d'un nouveau courage. Après avoir payé le juste tribut de ses larmes, il raffermit son cœur, et, debout sur les débris de la monarchie, il fit sentir à tous que la tige des lys pouvait être brisée, mais se courber ! . . . jamais.

Et quelle était l'ambition de son cœur ? celle de mériter, un jour, comme Louis XII, le titre de père de son peuple. C'est ce qu'il écrivait au prince de Condé. Certes, mes FF∴, la royauté peut être sans éclat ; mais, avec cette élévation d'ame, elle n'est jamais sans dignité.

O généreux Français ! si vous aviez pu connaître alors votre prince, savoir quel était son amour pour vous ; que son ame était sans amertume ; qu'il voulait reconnaître et consacrer tous les droits de ses enfans, avec quel empressement ne seriez-vous pas venus vous presser sur son sein, l'élever sur vos pavois, et le porter triomphant dans le palais de ses aïeux !

Mais, à cette époque funeste, son cœur fut abreuvé de fiel et d'amertume. Peut-on se rappeler sans douleur que l'héritier du trône de France fut obligé de fuir de contrée en contrée, d'affronter l'aspérité des lieux, la rigueur des climats, l'intempérie des saisons, ne sachant quelquefois où reposer sa tête auguste, tandis qu'en d'autres tems, *la cour de Louis fut l'asile des rois*. Mais toujours et partout, on vit la majesté sacrée resplendir sur son front, et tous les souverains contraints de l'admirer, même lorsqu'ils étaient forcés de lui refuser un asile.

A peine retiré à Blanckenbourg, Louis fut obligé de l'abandonner pour aller à Mittau ; il y reçut les honneurs souverains. Paul I<sup>er</sup> voulut échanger avec lui les insignes des grands ordres. En recevant celui de Saint-Lazare, le Czar dit aux grands de sa cour : « C'est pour moi le souvenir constant d'un ami malheureux. »

Ici se place un épisode trop cher à tous les cœurs français, pour que je résiste au plaisir d'en retracer la mémoire. MADAME s'était réfugiée dans la patrie de sa mère ; Louis, ne pouvant se résoudre à se séparer d'elle, et par une de ces hautes pensées qui semblait être une prescience de l'avenir, résolut de l'unir au duc d'Angoulême. Il fallait des consolations à la fille de douleur, et où pouvait-elle en trouver de plus douces qu'au sein de sa famille ? Aussi ne balança-t-elle pas pour se rendre à Mittau. Qu'on se peigne, s'il se peut, cette scène de deuil et d'amour ; qu'on analyse, s'il est possible, les sensations qui durent agiter ces grandes ames, dans un tel lieu, en présence de tant de douloureux souvenirs. Se jeter dans les bras l'un de l'autre et pleurer fut leur premier besoin. « Je vous revois enfin, dit MADAME la première ; je suis heureuse. Voilà votre enfant!.. veillez sur moi! soyez mon père!... » La presser sur son cœur et la remettre à son époux, fut la réponse muette, mais éloquente du monarque attendri. Et quelques jours après fut célébrée, sans éclat et sans pompe, l'union de deux époux, rejetons de tant de rois. Dans l'effusion de son cœur, Louis disait à sa fille adoptive : « Nous ne nous quitterons jamais ; nous ne sommes donc plus étrangers au bonheur. » Honorable, mais trompeuse sécurité !

Louis reçoit l'injonction de quitter Mittau dans vingt-quatre heures. Quel ordre !... et quel jour !... Il résistait pour que MADAME restât. Un refus formel fut sa réponse : « Je veux, dit la femme forte, suivre partout mon roi ; je veux confondre nos infortunes. » Les illustres voyageurs se mettent en marche par un froid excessif. Au troisième jour, assaillis par une affreuse tempête, ils sont contraints de faire une partie de la route à pied. On vit alors, pour la première fois peut-être, un spectacle unique dans les annales du monde : la fille des rois soutenant elle-même, au milieu des glaçons et des neiges amoncelées, les pas chancelans de son roi, et lui traçant péniblement le sentier à travers les horreurs de ces lieux sauvages. « Je ne suis point à plaindre, disait cette femme angélique, je ne souffre que des malheureux que je vois autour de moi (1). » Et c'est cette tendre sollicitude, ce trait sublime de piété filiale, qui lui a fait donner, par l'Europe entière, le titre glorieux d'*Antigone française*.

Après cinq jours de souffrances, les illustres proscrits arrivèrent à Mémel, incertains d'y trouver un asile. Ils obtiennent enfin de la *pitié* de la reine de Prusse la liberté de résider incognito à Varsovie; dans cette capitale où régna jadis l'un des rejetons du sang des Valois, et dont le roi détrôné obtint à la cour brillante de Louis XIV un fastueux palais et les honneurs souverains.

O desseins impénétrables de la Providence?... C'est à Varsovie,

_______________

(1) Les serviteurs et compagnons du Roi étaient aussi proscrits.

que Napoléon, rendant forcément hommage à la légitimité, fit faire à l'héritier de saint Louis l'offre d'une souveraineté en Italie, en échange de sa renonciation au trône de France, et c'est là que fut faite cette admirable réponse (1) connue de l'Europe entière, chef-d'œuvre à la fois de résignation, de noblesse et de magnanimité.

Forcé de fuir encore, Louis se rendit successivement à Grodno, en Suisse; pour la seconde fois, à Mittau. La paix de Tiltsit l'ayant contraint de quitter cette résidence, il choisit l'Angleterre, et Hartwel devint sa dernière retraite.

Dans ce séjour, les épouvantables désastres des plaines de Moskou viennent affliger son cœur paternel; quoiqu'éloigné de ce théâtre de douleur, sa sollicitude veille. Il recommande à l'humanité généreuse d'Alexandre les nombreux prisonniers que le sort de la guerre a fait tomber en son pouvoir. Quelle que soit leur position, des Français malheureux sont toujours ses enfans. Ah! mon roi! si le sort de la naissance n'eût pas légitimé tes droits à la couronne, ta magnanimité, tes vertus, ton amour pour nous, en eussent arraché la conquête à nos cœurs, et les Français reconnaissans l'auraient déposée avec respect sur ta tête sacrée!

Suivons maintenant les pas du vénérable monarque. Il met le pied pour la première fois, après vingt ans d'absence, sur notre terre chérie. Les yeux levés au ciel, la main droite posée sur son

---

(1) « Je ne confonds pas, Monsieur, Bonaparte avec ceux qui l'ont précédé;
» j'estime sa valeur, ses talens militaires; je lui sais gré de plusieurs actes d'adminis-
» tration, car le bien qu'on fera à mon peuple me sera toujours cher. Mais il se
» trompe s'il croit m'engager à transiger sur mes droits : loin de là, il les établirait
» lui-même, s'ils pouvaient être litigieux, par la démarche qu'il fait en ce moment.

» J'ignore quels sont les desseins de Dieu sur ma race et sur moi; mais je connais
» les obligations qu'il m'a imposées par le rang où il lui a plu de me faire naître.
» Chrétien, je remplirai ces obligations jusqu'à mon dernier soupir; fils de saint
» Louis, je saurai, à son exemple, me respecter jusque dans les fers; successeur de
» François Ier, je veux du moins dire comme lui : *Nous avons tout perdu, hors*
» *l'honneur.* »

cœur, et dans une sorte d'extase, il adresse sa prière et ses hommages au souverain Maître du monde, met son royaume sous sa divine proctection, et salue la patrie. Il reçoit partout sur son passage les marques les plus touchantes de respect et d'amour, proclame à Saint-Ouen le présent de sa sagesse, et montrant avec orgueil, à ses côtés, sa fidèle Antigone, fait son entrée triomphante dans Paris. Resplendissant de joie, au milieu des acclamatious universelles, il arrive, et vient se reposer, avec délices, dans le palais de ses pères.

## DEUXIÈME PARTIE.

### LOUIS XVIII SUR LE TRONE ET JUSQU'A SON DERNIER MOMENT.

Maîtriser les passions de la vengeance, pour l'homme ordinaire, c'est du courage ; pour un roi, c'est de l'héroisme, et Louis l'a vaincue. Vous avez admiré sa force d'ame, auteur de la disgrâce ; vous allez bénir sa clémence, auteur du bonheur ; vous allez l'entendre répéter du haut du trône, et environné de la toute-puissance, ces mots prononcés dans l'exil : « Qui oserait se venger, quand votre roi pardonne ? » et vous sentirez redoubler vos sentimens d'amour et de vénération. Instruit à l'école de l'adversité, Louis avait long-tems médité, pendant son séjour à Londres, la législation de ce pays. Observateur judicieux, notre prince avait remarqué que le peuple français avait besoin d'être gouverné par un système de balancement du pouvoir : ce fut d'après ces données certaines, qu'il posa, dans sa retraite d'Hartwel, les bases de notre Charte, se dépouillant ainsi volontairement, par ce grand acte, d'une partie de la toute-puissance pour en doter ses peuples. Il avait donc compris notre siècle, il était donc l'homme de notre tems.

Mais il restait de grands obstacles à surmonter ; le roi ne pouvait ignorer que, par suite des abus de la conquête, la France inspirait partout la défiance et la crainte ; qu'il aurait à vaincre bien des résistances ; qu'il faudrait mettre un frein aux idées de gloire qui

3

nous avaient trop long-tems éblouis ; ne pas trop flatter les regrets des générations anciennes, ni déshériter tout-à-fait les espérances de la génération nouvelle ; qu'il serait nécessaire d'éviter le froissement des amours-propres et des intérêts opposés qui allaient se trouver en présence ; qu'il était juste d'adopter notre gloire acquise, sans abandonner nos anciens souvenirs ; de fondre, pour ainsi dire, ce que nos vieilles institutions nous avaient légué de solide avec ce que les nouvelles nous avaient laissé d'utile, et de cette heureuse fusion faire sortir les matériaux propres à former l'ensemble de l'édifice constitutionnel et monarchique ; qu'en chercher ailleurs les bases, c'était s'exposer au vague des théories. C'est de lui que nous tenons cette sage maxime : qu'à côté du désir d'améliorer se trouve le danger d'innover. Il voulait enfin faire la part des mœurs, des habitudes et des besoins nouveaux. Législateur ferme et sage, placé à une égale distance de l'anarchie et du despotisme, il désirait nous donner le complément de nos institutions et laisser au tems seul le soin de perfectionner son ouvrage, et de révéler les défauts ou les améliorations dont il pourrait être susceptible.

De son côté, la France, fatiguée de tant de vicissitudes, était disposée à échanger quelques-uns de ses lauriers contre un peu de repos. Elle désirait un peu moins de renommée, et un peu plus de liberté.

C'est dans cette disposition que Louis trouva la France. La Charte avait posé les bases ; la faire exécuter et nous donner des institutions analogues était le difficile ; mais, avec la modération et la justice, tout est possible chez les Français. Deux causes, toutefois, lui en facilitèrent les moyens : l'ascendant de sa sagesse et de ses vertus ; le besoin, généralement senti, de se rattacher au principe de la légitimité comme à l'ancre de salut.

C'est avec ce puissant auxiliaire qu'il parvint d'abord à délivrer la France, vierge d'humiliations et de sacrifices, de la présence de l'ennemi. C'était beaucoup pour nous, c'était trop peu pour lui ;

es soins s'attachèrent à nous faire jouir sans délai du fruit de ses hautes conceptions. Ces espérances de bonheur furent encore ajournées ; une généreuse, mais imprévoyante sécurité, enfanta le 20 mars.

Dans sa douleur amère, le monarque fut moins sensible à ses peines personnelles, qu'aux malheurs qui allaient peser sur ses peuples. Dans sa dernière proclamation, il leur en fit connaître, avec une paternelle sollicitude, les funestes résultats, et pendant cette fatale absenee, le sacrifice le plus cruel pour son cœur fut celui du sang français inutilement versé.

Louis est rendu pour la deuxième fois à nos vœux ; il rentre dans Paris ; l'ivresse de l'enthousiasme est à son comble. Jamais la capitale ne vit un spectacle plus touchant et plus beau ! La population entière escortait le monarque ; mais, pour cette fois, sa magnanime fierté, ses loyales remontrances ne pourront calmer les préventions et les résistances de l'étranger. La France, fière dans ses malheurs, saura se résoudre à des sacrifices ; elle sera grande dans sa résignation, fidèle dans ses engagemens ; mais elle se relevera plus brillante et plus belle, et son crédit raffermi viendra bientôt révéler à ses heureux enfans les élémens de force et de prospérité qu'elle recèle dans son sein.

L'étranger est satisfait ; il a quitté notre sol ; la France est libre ; le cœur oppressé de Louis respire. Désormais, au sein de sa seule famille, il ne va plus s'occuper que de notre bonheur. Sa sagesse va méditer et soumettre successivement aux Chambres les lois organiques qui doivent être le complément de nos institutions. Ferme et tranquille, il suivra le cours de ses projets, et s'abandonnera sans réserve aux élans d'une noble confiance, jusqu'au moment où un événement funeste viendra contrister la France, et le frapper au cœur dans l'objet de ses plus tendres affections. Sa grande ame en est accablée ; mais son courage n'en est point abattu.

Aux grandes douleurs la Providence réserve toujours des consolations plus grandes encore. Un prince n'était plus ! sa veuve portait dans son sein la fortune de la France. Un jeune Henri vient de naître ; il est à la fois la consolation de son héroïque mère, et l'espérance de la tige auguste des lys. A l'ombre de ce berceau chéri, notre repos est désormais certain, nos destins assurés.

Dans cet état de bonheur et de sécurité parfaite, des craintes se manifestent. Louis en appelle à la valeur française ; il confie à son fils adoptif l'épée du commandement. Le prince part, et fait admirer partout sa modération et sa justice. Le soldat, fort de sa discipline, se couvre de lauriers : six mois de travaux sont six mois de triomphes. Sa tâche remplie, le modeste vainqueur dépose aux pieds de son roi cette épée victorieuse qui vient de révéler un héros à sa race, de donner une armée à la France et de la replacer au rang que lui assignait sa grandeur.

Les vœux du monarque sont comblés. Bientôt ses forces affaiblies l'avertissent que sa dernière heure est prête à sonner ; il le sent, et il est tranquille. Il vécut en sage dans l'exil, il saura mourir en roi sur le trône.

Le danger est connu, tous les citoyens sont en alarmes ; ils se pressent avec une anxiété muette autour du palais. Dans leur inquiète curiosité, ils redoutent d'interroger, dans la crainte de trop apprendre. Le peuple inonde en foule les portiques de nos temples ; les magistrats, silencieux, revêtus de la toge lugubre, vont en corps implorer la justice divine pour celui dont émane toute justice humaine. Calme au milieu des souffrances, le monarque pieux veut néanmoins retarder de quelques heures, s'il est possible, le dernier acte de ses devoirs religieux, pour ne pas les ravir au bonheur de ses sujets. Vous avez assisté, du moins par la pensée, à cette scène touchante, où sa famille, en larmes et prosternée, recevait de ses mains vénérables et défaillantes la bénédiction royale et paternelle. Tableau sublime ! qui semble lier le néant à l'éternité ! Sans crainte et sans faiblesse, il semble quitter sa dépouille mortelle, comme un captif rompt ses fers. Il joint sa prière à celle des ministres des autels, et considère sans effroi les apprêts du linceul qui doit le couvrir. Il expire, et reste comme enseveli dans les regrets et les bénédictions de la France entière.

Ce cri fatal : *Le Roi est mort!* se fait entendre; il a glacé tous les cœurs. Le deuil et la consternation sont peints sur toutes les figures. Le peuple accourt en foule dans ce palais solitaire, pour contempler, encore une fois, les traits chéris d'un père. Ses restes inanimés sont placés aujourd'hui au lieu même où était hier son trône. Bientôt le char funèbre, suivi de son dernier cortége, s'achemine vers le palais de la mort. Les caveaux de Saint-Denis se rouvrent pour recevoir la dépouille mortelle du plus vertueux des princes. C'en est fait, la tombe se referme, et, pour la dernière fois, retentit dans cette vaste enceinte ce cri lugubre : *Le Roi est mort!*

Ombre chérie! gloire, paix et vénération à ta cendre! Les contemporains rediront à nos neveux quelle fut ta pieuse résignation dans le malheur, ta constance dans les épreuves, ta noblesse dans toutes les actions de ta vie ; et, comparant l'état de déchirement et de détresse où tu trouvas la France à l'état de paix et de prospérité où tu nous l'as rendue, ils inscriront ton nom révéré au rang des plus grands rois; il s'aggrandira dans l'avenir. La postérité qui blâme sans amertume et loue sans flatterie, parce qu'elle juge sans passion, te proposera pour exemple à tous les souverains, pour modèle à tes successeurs.

Du haut des cieux où tu reposes à côté de tes illustres aïeux, jette un regard de bonté sur notre belle patrie; jouis de sa félicité, et contemple ton ouvrage. Déjà nous recueillons le fruit de ton dernier bienfait : Charles revit en toi; tu nous comblas de biens, il veut les redoubler encore et nous en accabler. Partout nos cœurs volent sur son passage, comme ils t'environnaient. Reçois l'humble hommage de notre gratitude pour ce présent de ton amour, et le tribut douloureux, mais unanime et sincère, de nos regrets éternels!

O mon prince! comme Français, nous avons tous payé le tribut de nos larmes à tes manes sacrés ; comme Maçons, nous leur devons un hommage plus cher encore. Oui, et la reconnaissance ne nous permet plus d'en cacher le mystère, tu n'étais pas étranger à notre institution. Une loge fut créée en 1775, parmi les gardes-du-corps à Versailles, *sous le titre distinctif des Trois Frères à l'Orient de la Cour,* et l'on a déjà pénétré l'allégorie légère que couvre ce glorieux patronage. Forcé plus tard, hélas! de renoncer à ce nombre ternaire si chéri, elle reprit ses travaux sous un nouveau titre; elle existe dans cet Orient plein de vigueur et de force, et fière de ce précieux souvenir. Qu'on ne s'étonne donc plus des résultats heureux de ta royale protection, lorsque, sur la foi du noble guerrier, du chef révéré que nous pleurons encore, tu daignes faire rouvrir plusieurs de nos temples fermés, ou par l'effet d'une faiblesse méticuleuse, ou par l'exagération d'un zèle indiscret. Qu'on ne s'étonne donc plus enfin, si, sur les inspirations de ce digne chef, nous avions conçu le doux espoir de voir un fils de France diriger nos travanx. Nous avions son aveu; le tien, guidé par ta prudence, devait céder au tems. Ce tems, impitoyable, vint le ravir à notre amour, et nous fûmes contraints d'environner sa tombe de lugubres cyprès, quand nos mains s'occupaient à tresser la guirlande de roses et d'acacias, dont nos vœux aspiraient à couronner sa tête. Si le sort a trahi notre espérance, il n'a ni altéré la source, ni diminué la force de nos souvenirs reconnaissans. Ta noble image restera toujours gravée dans nos ames, et ta vertu de choix, la douce bienfaisance, idole de nos cœurs, sera le mot sacré qui ralliera sans cesse autour de ta cendre adorée la grande famille des Maçons.

Gémissons! gémissons! gémissons!!!

# CHANT FUNÈBRE,

PAROLES DU F∴ BOUILLY, OFF∴ DU G∴ O∴ DE FRANCE,

Musique du F∴ CHÉNIÉ, attaché à l'Académie royale de Musique.

### RÉCITATIF.

Suspendez vos concerts, filles de l'harmonie,
Entonnez le chant des douleurs :
De la mort le pâle génie
Vient pour s'abreuver de vos pleurs.
Il va frapper !..... Sa main fatale
Méconnaît la race royale
Et l'antique sang des Bourbons...;
Pour elle une tige adorée
N'est pas plus sainte et plus sacrée
Que les plus obscurs rejetons.

### CHANT.

#### STROPHE PREMIÈRE.

LOUIS, toujours grand, magnanime,
Sait répondre avec calme au signal qu'il entend...
Il est chrétien; sa foi l'anime ,
L'éclaire, le soutient, lui dit : « *Le ciel t'attend.* »
Son ame, ouverte à l'espérance ,
Voit déjà le séjour d'un éternel bonheur,
Pendant qu'aux saints autels la France
Dépose, en gémissant, ses vœux et sa douleur.

#### STROPHE SECONDE.

Alors, sa famille éplorée
De son chef expirant veut encor contempler
La tête auguste et vénérée
Qu'ennoblit le malheur , au lieu de l'accabler.
Dans sa douleur religieuse,
Elle tombe à ses pieds , embrasse ses genoux...
« *Adieu* , dit-il, *soyez heureuse ,*
» *Et que le Dieu du ciel soit toujours avec vous !* »

STROPHE TROISIÈME.

Il n'est plus ! ! ! L'airain funéraire
Par ses lugubres sons porte partout l'effroi ;
Le peuple en vain regrette un père ,
Pleure, gémit... La France est veuve de son roi !
La foule court , se précipite
Vers le sombre palais de la mort et du deuil,
Et là , l'œil en pleurs , interdite ,
S'arrête avec respect devant un froid cercueil.

INVOCATION.

O toi , de tous les biens source pure , éternelle ,
Dieu puissant qui lis dans les cœurs ,
Que ta clémence paternelle
Place au rang des élus l'objet de nos douleurs !
CHARLES , son successeur , son frère ,
Vient à nous aujourd'hui , comme un ange de paix ;
De ses nobles vertus il est dépositaire :
Qu'il soit heureux ! qu'il règne ! et puisse pour jamais ,
Sous un soleil serein , sur le sol des Français ,
Fleurir le lys héréditaire !

Immédiatement après , le tronc des pauvres circule.

Une symphonie funèbre est exécutée pendant sa circula-
tion , et immédiatement après l'Ill.·. Prés.·. dit :

Nous allons rendre nos derniers devoirs à l'auguste Monarque
objet de nos regrets , et jeter des fleurs sur sa cendre révérée.

Mes FF.·. , debout , à l'ordre ; et le plus grand recueillement.

Aussitôt , trois coups de tam-tam annoncent que l'Ill.·.
Prés.·. va se mettre en marche,

De suite, l'Ill.·. Prés.·., suivi de tout l'O.·., descend du trône, précédé des Commissaires et des M<sup>es</sup>.·. des C<sup>ies</sup>.·.

Chacun de ces FF.·., en passant devant deux Exp.·. qui tiennent une corbeille remplie de fleurs, s'avance au son de la marche funèbre vers le cénotaphe, où, étant arrivé, l'Ill.·. Prés.·. dit :

Fils de saint Louis, ta place était marquée au sein de la gloire éternelle, entre Louis XII et Henri IV. Tu veilles toujours sur les destinées de la France, et tu continues, par ton illustre frère, héritier de ta bienveillance paternelle, de protéger l'ordre M<sup>que</sup>, dont tous les membres ne cesseront d'être fidèles à ton auguste dynastie.

L'ill.·. Prés.·. jette des fleurs, ainsi que tous les FF.·. de l'O.·.

Quand tous ces FF.·. ont déposé le tribut de leurs regrets, la musique cesse, trois grands coups de tam-tam se font entendre, et immédiatement après la colonne d'harmonie exécute l'apothéose.

L'Ill.·. Présid.·., sans annonce aux FF.·. Surv.·. et sans batterie, termine aussi les Trav.·.

Mes FF.·., nous avons rempli notre devoir, retirons-nous en paix.

Un grand coup de tam-tam annonce la fin de la cérémonie funèbre, et aussitôt l'Ill.·. Prés.·. provoque une triple batterie pour exprimer les vœux de tous les Maçons français en faveur de l'avénement de Charles X au trône, et chacune des batteries est suivie des cris de *vive le Roi! vive le Roi! vive le Roi!*

*Signé* à la minute, Roëttiers de Montaleau, et par tous les Officiers en exercice, Honoraires, Députés nés et élus, et Visiteurs présens.

Collationné en la G∴ ⊡ d'Adm. le 5ᵉ jour du 11ᵉ mois de l'an 5824.

*Les Officiers de la G∴ L∴ d'Adm∴*

*Signé,* ROETTIERS DE MONTALEAU,
Représentant particulier du G∴ Me∴ ;

LANGLACÉ, *Président ;*

DE JOLY-FRAISSINET, 1ᵉʳ *Surv∴ ;*

CLARAC-FAGET, 2ᵉ *Surv∴ ;*

RICHARD, &∴ *Orat∴*

Par Mandement du G∴ O∴ ,

VASSAL ,

*Secrétaire-Général.*

Timbré et scellé par nous,
Garde des Sceaux et Timbre
du G∴ O∴ de France.

DUBIN.

www.ingramcontent.com/pod-product-compliance
Lightning Source LLC
Chambersburg PA
CBHW051352050726
47595CB00006B/2515